RÉPONSE A L'ÉCRIT

DE

M. MÉHÉE DE LA TOUCHE,

AYANT POUR TITRE:

DÉNONCIATION AU ROI

DES ACTES ET PROCÉDÉS

PAR LESQUELS LES MINISTRES DE S. M.

ONT VIOLÉ LA CONSTITUTION.

PAR D. L. M.

PARIS,

Chez { LE NORMANT, Imprimeur-Libraire, rue de Seine, n° 8,
 Les Marchands de Nouveautés, au Palais-Royal.

1814.

*Je déclare que tout exemplaire qui ne sera
pas parafé est contrefait, et que je poursuivrai
les contrefacteurs.*

IMPRIMERIE DE LE NORMANT, RUE DE SEINE, N°. 8.

RÉPONSE A L'ÉCRIT

DE

M. MÉHÉE DE LA TOUCHE.

Pourquoi donc, Monsieur, venir troubler le repos dont notre malheureuse patrie commençoit à jouir? N'a-t-elle pas été assez éprouvée par vingt-cinq ans de guerres et de désastres? Sans doute, votre intention n'est point de paroître regretter des temps détestables, et moins encore de les rappeler. Quel est donc le but de votre dénonciation au Roi? Je vous l'avoue, le titre seul de cet écrit m'a fait concevoir de vives alarmes; je me suis représenté mes malheureux compatriotes et moi, marchant encore sur des volcans prêts à faire explosion, et déjà je déplorois notre triste et commune destinée. Heureusement le Monarque dans le sein duquel vous épanchez l'amertume de vos

réflexions, présente bien des motifs à ma tranquillité. Ma confiance dans ses sentimens et ses
vertus, celle que m'inspirent ses lumières agran-
dies dans l'infortune, enfin la funeste expérience du passé, tout me persuade qu'il saura
gouverner avec bonté, mais sans foiblesse.
Alors tombent ces sinistres présages, enfans
d'une imagination facile à s'effaroucher, s'ils
ne sont pas susceptibles d'être qualifiés autrement.

Puisque vous paroissez pénétré des qualités
qui distinguent si éminemment le Monarque,
n'auriez-vous pu lui épargner une leçon aussi
sévère que celle que comporte votre préam-
bule; leçon tout au moins inutile pour un Roi
dont vous reconnoissez les lumières, et qui ne
pouvoit, dès lors, que lui ramener des souvenirs douloure ux? Ce que vous y dites, d'ailleurs,
n'est point exact, ce n'est ni l'ignorance ni le
despotisme qui ont amené les crises de notre
révolution; elles ont été le résultat de la lutte
toujours inégale entre l'extrême bonté et l'extrême perversité. Personne n'étoit moins des-
pote que l'infortuné Louis XVI, et personne ne
l'étoit plus que Bonaparte. Sous le premier on
osa tout, sous le second on ne sut que trembler.
Pourquoi? Parce que l'un ne vouloit régner que

par la bonté et la douceur, et l'autre que par la rigueur et la crainte. Quand on fait profession d'une franchise qui va jusqu'à l'âpreté, voilà de ces vérités qu'il faut annoncer. Oui, Monsieur, proclamons l'erreur de ces hommes qui ont sacrifié le meilleur des Rois (ce Roi qui les aimoit, même en tombant leur victime), et qui obéissoient stupidement au tyran qu'ils redoutoient. C'est là ce que l'inexorable histoire doit consacrer, pour préserver à jamais les peuples d'un pareil aveuglement!

Cette manière de laisser tomber quelques éloges sur le Souverain, pour s'enhardir à mal parler de ses ministres, ne me paroît pas heureuse : en y réfléchissant, vous auriez dû penser qu'il n'étoit guère possible que le Roi partageât votre sollicitude sur leur compte. Il en est un, surtout qui semble plus particulièrement exciter votre humeur ; et c'est précisément celui dont il doit avoir la plus parfaite connoissance, et dont il a eu plus d'occasions d'apprécier le mérite et les talens. C'est donc faire une épigramme sanglante de son choix, que de le lui désigner sous des couleurs qui, sans doute, ne l'auroient point déterminé en sa faveur. Il paroît qu'un de vos grands sujets de plainte contre lui, est son opinion sur la liberté de la presse, ou, comme vous le voudrez, son influence sur la loi rendue à cet égard. Mais alors votre dénonciation au Roi n'étoit pas encore imprimée, ou au moins circulante, et je présume que depuis, vos idées auront changé; autrement il faudroit convenir, en vous lisant, que tous les reproches que vous prodiguez, tant aux ministres qu'aux censeurs, sont bien gratuits. Leur apologie est dans votre ouvrage même, aujourd'hui dans les mains de tant de monde; peut-être ne vous étiez-vous pas attendu à cette facilité qui met en défaut votre prévention : cela fait une disparate dans votre dénonciation, et affoiblit beaucoup le langage que vous prêtez au Roi, quelque digne qu'il soit d'ailleurs; mais on peut se consoler de ce malheur quand on a conquis la liberté d'écrire tout ce qu'on pense, et même ce qu'on ne pense pas.

Il est très-louable d'allumer le flambeau qui doit éclairer les chefs des nations sur les prévarications de leurs ministres, et même sur leurs fautes personnelles. Certes, depuis longues années, il y a eu un beau champ pour le civisme énergique qui paroît vous distinguer; sans remonter plus haut, vous conviendrez, par exemple, que, sous Bonaparte, la liberté de la presse qui vous tient si fort au cœur, étoit tout autrement entravée qu'aujourd'hui. Probablement vous ne vous en êtes point aperçu alors, puisque vous ne vous êtes pas plaint, ou peut-être, étiez-vous trop utilement employé, d'ailleurs, pour vous en occuper. Heureusement pour le Roi, vous n'avez rien de mieux à faire, maintenant, que de consacrer votre temps et vos lumières aux intérêts de l'Etat et du Souverain, et la vérité sera connue, aux jours de la restauration, autant qu'elle l'étoit peu sous un règne moins indulgent envers les Aristarques.

La première vérité que vous annoncez au Roi, dont sans doute il auroit encore conservé long-temps l'ignorance, et qu'il doit être très-édifié d'apprendre de votre bouche, c'est que la joie si pure, occasionnée par son retour, a beaucoup *dégénéré*. Le tableau que vous lui faites du sentiment qui a succédé si rapidement, et à son insu, aux démonstrations les moins équivoques de la félicité publique, est presque effrayant ; et, s'il falloit s'en rapporter aveuglément à votre mot, je tremblerois vraiment sur le sort *des ministres et agens infidèles ou maladroits*, qui ont détruit toute l'illusion des douces paroles de Sa Majesté. Mais, je ne sais pourquoi, j'ai quelque inquiétude que vous ne preniez vos affections et celles de certaines personnes, pour les affections de toute la France, comme il paroît que vous prenez les erreurs et les crimes de quelques individus pour les erreurs et les crimes de tout un peuple. Avec cette manière de voir, on se crée facilement des fantômes, dont on commence par s'effrayer, et dont on finit par vouloir effrayer les autres. Tout ceci s'explique, et malgré le ton cordial de votre dénonciation, je crois très-fermement que le Roi concevra quelque doute sur la réalité de votre tableau, comme nous autres Français en concevrons sur *le machia-vélisme renouvelé pour endormir les victimes avant de les immoler*. Il fut un temps, vous le savez, M. Méhée, où l'on ne prenoit pas tant de précautions, et, certainement, vous ne le regrettez pas !

Vous invoquez la comparaison entre les intentions paternelles de Sa Majesté, et la conduite de ses ministres; on ne peut guères soupçonner votre attachement pour le Monarque : il est trop clairement annoncé par la justice que vous vous plaisez à lui rendre, et par vos expressions bienveillantes à son égard. Ce n'est pas lui qui vous offusque, on le voit : ce sont ses ministres qui vous déplaisent; ce sont eux seuls que *la France entière* accuse ; ce n'est, comme vous l'observez, ni un parti, ni l'autre qui crie isolément par votre organe : c'est tout un peuple qui vous a fait la confidence de ses inquiétudes, et vous ne faites que prendre l'initiative sur ses doléances; c'est beaucoup prouver ! Cependant, j'oserai vous dire qu'une infinité de personnes que je connois sont, comme moi, fort loin de partager vos opinions. A cela, vous répondrez qu'il est donné à peu de gens d'être aussi clairvoyans que vous et vos collègues, et je le reconnois; mais, à tout prendre, j'aime mieux ma confiante bonhomie que la méfiance qui se repaît et repaît les autres de chimères. Je ne sais pas, Monsieur, s'il vous est échappé qu'en tombant si rudement sur les ministres du Roi, c'est faire une terrible diversion au respect que vous avez l'air de professer pour sa personne et ses lumières. En effet, permettez-moi de vous représenter qu'il n'est guère probable que les actes de leur gestion soient un problème pour lui, comme on pourroit l'induire de votre dénonciation. Ce seroit supposer dans le Monarque une indolence ou une insouciance que je crois très-étrangères à son caractère, et que repoussent d'ailleurs nécessairement les circonstances dans

lesquelles nous nous trouvons. Passons à l'examen , *de l'examen comparatif des promesses
royales et des actes ministériels.*

Vous êtes choqué d'abord de ce que le des-
cendant de saint Louis emploie en tête des
actes de son gouvernement ce que vous nom-
mez *vieille et triviale formule*, ces mots : Louis,
par la grâce de Dieu. Vous préféreriez ceux-
ci : Louis, par l'amour de ses peuples, *comme
exprimant mieux le choix libre de la nation,
et signalant seuls l'incontestabilité et la légiti-
mité de sa nouvelle puissance.* Soyons toujours
francs, Monsieur, et nous conviendrons qu'il
y a bien des choses à dire à cet égard. Sans
doute le Roi s'est plu à reconnoître toute la
part que l'amour de ses peuples a eue à son
rétablissement ; et, qui le nieroit ? Il l'apprécie
et l'appréciera toujours comme le plus beau
fleuron de sa couronne. Mais reportons-nous
aux circonstances qui ont réchauffé tout-à-coup,
et comme par enchantement, cet antique amour
pour une race auguste, alors nourri seulement
dans quelques cœurs fidèles. Où en étions-nous
sans ce retour de la pensée vers nos anciens
princes ? Après vingt-cinq ans d'essais malheureux, ce retour devoit être notre sauve-garde ;
mais, qui pouvoit le prévoir, si ce n'est peut-

être quelques observateurs, découvrant la chute de la puissance dans son excès même, et se rattachant à d'anciens souvenirs, comme à une ancre dans la détresse? Avouons-le donc, ce n'est pas au seul renouvellement de l'amour des peuples qu'il faut attribuer le retour de nos anciens Rois. Ne rougissons pas, dussions-nous être accusés de fanatisme, de reconnoître la main de Dieu qui le prépara en dirigeant le choix des Français sur cet homme dont les grands talens guerriers ne faisoient qu'irriter l'orgueil et la violence, et dont l'ambition démesurée assuroit la catastrophe. C'est dans ce sens, conforme, comme vous le dites, à notre religion, et d'une vérité plus frappante que jamais, qu'il doit être permis à Louis XVIII de s'intituler Roi par la grâce de Dieu, surtout si nous considérons que ce premier hommage d'un prince pieux, à la Divinité, quelque banal et superflu qu'il puisse paroître à certains esprits, n'en est pas moins décent et raisonnable, et qu'il n'exclut point dans le cœur du Monarque l'émotion et la gratitude de l'amour des peuples.

Pour essayer de ridiculiser la vieille formule que vous n'aimez pas, vous dites : Dieu permet bien des choses que le peuple n'eût point choisies. Et, après avoir fait l'énumération de nos calamités, vous ajoutez ironiquement : *Tout cela est arrivé par la grâce de Dieu, et rien par la volonté libre des Français* (1). Je me contenterai de vous répondre que, si Dieu permit le règne des jacobins, des comités, des gouvernemens révolutionnaires, etc., etc., ce fut sans doute en expiation du grand crime qu'on avoit commis ou souffert. Mais, dites-moi, Monsieur, d'où vient cette extrême sensibilité que je remarque sur l'expression du règne *des jacobins* que vous avez l'air d'attribuer exclusivement à M. l'abbé de Montesquiou ? Probablement, il n'aspire guère à l'honneur de l'avoir inventée, ce règne est malheusement bien connu, et l'expression n'est pas nouvelle. Pourquoi vous chagrineroit-elle ? Je ne vous suivrai pas dans les raisonnemens ultérieurs de ce paragraphe. Souffrez que je vous dise que ce sont des lieux communs très-peu concluans, et qui ne sont pas dignes de votre plume.

Selon vous, non-seulement les ministres heurtent l'opinion et la volonté du Roi dans les occasions les plus importantes (cette articulation

---

(1) C'est pousser un peu loin la plaisanterie, que de faire un pareil amalgame.

au sujet d'une formule est un peu sévère); mais ils vont jusqu'à *humilier la nation et ravaler la majesté royale.* Et, où prenez-vous vos preuves? dans les feuillets des journaux? Certes, voilà des chefs d'accusation bien formidables, et, surtout, bien appuyés. Jamais les ministres ne pourront résister à des attaques aussi décisives. Je vous observerai cependant, qu'en *ravalant* la nation et le Souverain, les ministres se *ravaleroient* eux-mêmes, et qu'on ne peut supposer cette intention à personne, et moins encore à des Français. Vous paroissez viser beaucoup à intéresser l'honneur et la gloire nationale. Toutefois, n'est-ce pas une fanfaronnade un peu forte que cette exclamation : *Heureusement qu'il n'a plu à Dieu et aux Anglais d'agir pour, que lorsqu'il a plu aux Français de ne plus agir contre?* Je doute fort qu'une pareille flagornerie soit du goût du soldat français; on peut être très-brave sans être impie, et les fanfarons le sont rarement.

Vous reprochez encore aux ministres de faire dater les actes de Sa Majesté de l'an dix-neuvième de son règne; ne croiroit-on pas, à vous entendre, que le Monarque n'est qu'un mannequin dont les ministres tirent les ressorts? Soyez donc conséquent, M. Méhée, en accordant des lumières au Roi, ajoutez-y la grâce de lui reconnoître une volonté. Puisque vous avez été chef de division au bureau des affaires étrangères, etc., personne ne sait mieux que vous que le Roi ne meurt jamais en France, et que Louis XVIII n'ayant point renoncé au trône, dut se considérer comme Roi à l'événement de la mort de son neveu. En y réfléchissant, vous reconnoîtrez peut-être qu'il n'y a rien de singulier dans ces dates, que vous taxez un peu légèrement de *démenti au prince, à la raison et à la vérité*. Ce qui ne cessera pas de le paroître, ce sont les conséquences que vous en inférez ; mais ce n'est pas sérieusement que vous exposez vos doutes à ce sujet, vous n'êtes point capable d'une si mauvaise foi. Quand le Roi a déclaré ne vouloir dater que du 12 mars, vous avez très-bien compris que sa déclaration, à cet égard, ne s'adaptoit qu'aux délits de la révolution : ce seroit étrangement abuser de sa bonté, que d'en faire une arme contre lui et ses ministres.

En jouant sur les mots, en forçant leur sens, ou en le dénaturant, vous venez à bout de trouver partout des sujets de plainte et d'accusation. Malheureusement ils ne peuvent soutenir un instant l'examen impartial ; parce que le Roi a déclaré, en rentrant dans ses Etats, que tous actes, votes ou opinions antérieurs à la restauration, seroient livrés à l'oubli, faut-il en conclure qu'il a commandé une chose au-dessus du pouvoir humain, la perte de la mémoire ? Oubli est ici évidemment le synonyme de pardon ; en le prescrivant, il a voulu qu'aucun ne fût inquiété pour faits de révolution : c'est tout ce qu'un prince sage a pu commander aux tribunaux et aux citoyens ; c'est ce principe qu'il a consacré par la nouvelle charte. Bien des gens voudroient aujourd'hui l'étendre plus loin, tant mieux : ce désir est de bon augure ; mais prenez garde, Monsieur, que ce n'est pas en militant sans cesse, qu'on se dérobe au souvenir.....

A défaut de griefs réels, vous allez puiser dans des commémorations funéraires ; vous sonnez l'alarme, parce que quelques âmes pieuses et sensibles vont gémir sur les tombeaux de leurs parens, de leurs amis, tombés sous le fer de nos discordes civiles. Vous voyez, comme Don Quichotte, des ennemis partout. Hé, Monsieur, si des hommages funèbres ont été rendus jadis aux hommes qui ont péri au 10 août, dans la lutte soi-disant du peuple contre ce qui étoit resté de défenseurs du trône, quel mal y a-t-il de rendre, aux jours de la restauration, le même hommage aux martyrs de l'honneur et du trône, et à cette multitude de victimes de l'anarchie, immolées sans lutte et sans défense. Les uns et les autres ne les ont-ils pas assez attendus, et les ont-ils moins mérités ?....

Sans doute il est très-sage de ne rappeler les excès d'aucun parti, mais il le seroit aussi de ne pas laisser apercevoir une certaine préférence pour l'un d'eux. En établissant une espèce de parallèle entre les victimes, c'est décéler, sans le vouloir, un secret penchant qu'on a peine à contenir, et cela gâte les plus généreuses intentions. Vous paroissez trop au fait de tout ce qui s'est passé dans la révolution, et vous avez trop de bonne foi pour ne pas convenir que si l'on mettoit dans la balance toutes les méchantes actions, un côté l'emporteroit de beaucoup sur l'autre, et vous savez lequel, ne cherchez donc point à compenser. Pourquoi aussi insulter à de trop justes douleurs ? Ne peut-on pleurer longuement des malheurs comme les nôtres, sans être un hypocrite ? Tous les cœurs ne sont pas cuirassés, Monsieur ; s'il est des gens qui oublient facilement les maux qu'ils ont faits, vouloir que ceux qui les ont soufferts aient la même indifférence, c'est trop exiger. Vous généralisez trop, quoi que vous en disiez ; il y a des coups si terribles, des plaies si profondes, que le temps ne les cicatrise point ; ce sont des sources de douleur pour toute la vie, et nous en avons sous les yeux d'illustres et tristes exemples. Croyons donc à la sensibilité des autres, même en n'en ayant point. Vous criez au vacarme de la vertu, parce que des prédicateurs font des sermons, parce quedes journalistes rendent compte de certaines cérémonies religieuses. Auriez-vous oublié l'apothéose de Marat et autres ?.... Ne vous souvient-il plus des feuilles de l'Ami du Peuple, du Père Duchesne, etc., etc. ?.... C'étoit bien un autre vacarme !..... Peut-être étiez-vous plus tolérant dans ce temps là ; soyez-le encore aujourd'hui : surtout point de récriminations, point de menaces. Vous auriez bien de la peine, je crois, à nous montrer des étranglés par la main des émigrés ; car je ne suppose pas que vous métamorphosiez ainsi les suites d'une juste défense, et vous savez qu'on ne peut pas en dire autant de tout le monde...... Point de passion donc ; car, à force d'en montrer, on pourroit vous appliquer, mieux que vous ne faites, la fable de la Lionne, ce que disoit un acteur au public : *Messieurs, nous n'aurons pas l'honneur de vous donner demain* le Tartufe, *M. le président ne veut pas qu'on le joue.*

Nous voici arrivés à un des points qui paroît vous chatouiller le plus ; auriez-vous perdu une place, Monsieur ? Tant pis ; le gouvernement auroit tort de se priver de vos talens, et surtout d'un ami aussi sincère. Ce qui doit vous consoler, cependant, et nous rassurer sur votre compte, c'est qu'avec les moyens que vous avez, on ne reste jamais dans l'embarras. S'il y a, comme vous le dites, des *nuées* de prêtres dans toutes les administrations, cela ne prouve pas de miracle particulier en leur faveur, cela prouve seulement que beaucoup, et pour de bonnes raisons, avoient été obligés de fuir de leur pays : qu'ils y soient rentrés depuis la restauration, cela est tout simple ; qu'ils soient employés chacun selon leur capacité, puisque toutes les églises sont fournies, et qu'ils n'ont ni asile ni fortune, cela me paroît raisonnable : ce sont des Français, et il faut qu'ils puissent vivre. S'ils ont remplacé d'anciens employés, ces anciens employés en avoient remplacé d'autres plus anciens ; il y a eu bien des mutations, vous le savez, depuis la révolution. Vous ne prétendez sûrement pas qu'il y ait lieu à exception, et que les places de bureau soient plus inamovibles aujourd'hui qu'alors. Chaque gouvernement a le droit incontestable de juger ceux dont le service lui est plus utile et plus convenable. Quand le Roi a promis de laisser chacun dans son poste, il n'a pu entendre s'interdire des déplacemens que des sujets ultérieurs de mécontentement pouvoient nécessiter ; autrement, il se seroit exposé à réchauffer plus d'un serpent dans son sein, etc. Vous conviendrez que ce n'eût point été prudent. Ce qu'on voit de plus clair, c'est que vous avez été bien aise de répandre un peu de votre bile sur l'Eglise et sur ses ministres ; c'est que les *cérémonies religieuses, les processions, etc.* ne sont pas de votre goût. Ne les aimez pas, soit ; mais laissez-les aimer aux autres. Savez-vous, Monsieur, qu'on pourroit penser que vous prenez à tâche de mal interpréter tout ce qui sort de la bouche du Roi, et même quelque chose de pis. Avez-vous pu croire, *qu'apprécier les effets du progrès toujours croissant des lumières, etc.,* c'étoit promettre d'approuver et de favoriser l'irréligion ? Car c'est là ce qu'on peut induire de vos raisonnemens et de vos citations ; en ce cas, votre haute philosophie vous auroit fort égaré. N'étoit-il pas plus simple et plus naturel de convenir que Sa Majesté avoit donné une preuve suffisante de la vérité de ses sentimens, par l'institution des deux chambres, par ce balancement des pouvoirs qui assure les plus chers intérêts des peuples? Ah ! Monsieur, vous prouvez bien que l'esprit tue la lettre !....

On ne peut pas vous reprocher, toutefois, de manquer de courage; certes, vous attaquez indistinctement tout ce qui se présente, ministres, journalistes, tribune des chambres législatives : seul, vous faites face à tous. Vous reprochez aux uns de *braver la volonté du Monarque*, en déplaçant des hommes publics, très-honnêtes, à leur opinion près; aux autres, de donner un nom peu convenable aux auteurs de la mort de l'infortuné Louis XVI; et cela avec le plus noble désintéressement, par le seul motif de défendre l'innocence opprimée... Je doute cependant que vos cliens vous sachent grand gré de rompre en visière, à leur sujet, contre tant d'adversaires. Il est des erreurs pour lesquelles il n'est plus d'espoir que dans le silence et le repentir; et il me semble que, pour l'intérêt de tous, vous eussiez mieux fait

de les y laisser , surtout n'ayant rien de mieux
à en dire. Qu'est-ce , en effet, que de nous représenter (à nous témoins oculaires) les *votans*
à la mort de Louis XVI , comme des *juges su-
prêmes , établis par une grande nation ?* Hé ,
Monsieur , l'univers sait que ces *votans* se sont
établis eux-mêmes (chose inouïe) accusateurs
et juges ! L'univers sait qu'ils se sont opposés
à l'appel au peuple ! L'univers sait enfin qu'une
majorité de cinq voix seulement conduisit à
l'échafaud le meilleur des Rois et des hommes !
Comme il sait que sa bonté inépuisable par-
donnoit encore au moment où sa tête alloit
tomber sous la hache de ses bourreaux ! Que
répondre, Monsieur, à des faits aussi authen-
tiques ? On entasseroit en vain les so-
phismes , ils ne parleront jamais si haut que la
vérité. Pourquoi vous figurer qu'on pense à
endormir la nation ? Elle est trop réveillée aujourd'hui , pour croire qu'on lui impute jamais
le crime de quelques centaines d'individus.
N'essayez donc ni de l'agiter, ni de lui présenter de vains épouvantails ; elle connoît
bien tous les instigateurs de nos désordres ,
tous les grands faiseurs des comités ; elle sait
parfaitement comment une poignée d'hommes
a pu tromper une multitude de gens simples

et crédules ; comment elle lui a surpris des applaudissemens, extorqué des signatures ; vous le savez aussi, Monsieur..... Et que seroit-ce, s'il étoit possible de rassembler spontané-ment ces quatre-vingt-dix mille communes, où il vous plaît de nombrer tant *d'adhérens vo-lontaires* à un attentat exécrable ! Quel chan-gement aujourd'hui qu'elles sont éclairées !.... et quelle confusion pour ces hommes, qui, au lieu d'applaudissemens, ne recueilleroient plus que les imprécations de l'homme trompé, et les larmes du deuil !....

Puisqu'à votre avis, la mort de Louis XVI étoit injuste et impolitique, quelle nécessité de vous donner le tort de défendre une mauvaise cause ? Vous le faites, Monsieur, avec un zèle, avec une chaleur, qu'on attendroit à peine de l'intérêt personnel. Je vous l'avouerai, ce dé-vouement n'est pas ordinaire. Nous cache-t-il un désir de vengeance, ou quelqu'arrière-pensée ? Quoi qu'il en soit, voilà des centaines d'hommes qui vous occupent beaucoup, et qui, probablement, vous récompenseront comme vous les servez ; quant à ces deux millions d'autres dont ils ne sont que l'avant-garde, ils ont un peu l'air de ceux que Cadmus faisoit sortir de terre d'un coup de baguette, et il nous est permis de croire qu'ils ne se mêleront pas de nos affaires.

Ce qu'il y a de plus réel, c'est la brave armée française; on voit que vous auriez bien envie de la stimuler et de l'immiscer dans vos querelles : effectivement, c'est un très - bon rempart à mettre de son côté. Vous dites assez malignement, non pas qu'on l'excepte, mais qu'on paroît l'excepter de je ne sais quelles proscriptions. Mais, Monsieur, qu'a de commun l'armée avec des événemens politiques ? Tout le monde sait qu'elle est essentiellement obéissante, et que le chef, seul, est responsable de ses mouvemens et actes. Elle n'avoit, en aucun cas, besoin d'exception en sa faveur; en ne s'accusant de rien, on n'a ni *considérations*, ni *ménagemens* : on n'est que juste. A vous entendre, ne sembleroit-il pas que l'armée française ne fût composée que *des parens, frères et amis* de certains *votans* ou de leurs adhérens? A qui le ferez-vous croire? Mais quand cela seroit, en fait de fautes, chacun pour soi; on peut être très-bon soldat et avoir un mauvais parent. Si l'on se trompe sur la manière *de terminer les discordes civiles* (que tout le monde croyoit terminées depuis long-temps), il faut avouer que vous ne nous montrez pas l'heureux moyen de les apaiser.

Il vous faut une armée complète, Monsieur : après avoir cherché à rallier des soldats, vous songez à des généraux ; il y a de la méthode dans cette conduite. Il se peut effectivement que des généraux aient eu la foiblesse de mêler à leurs trophées les barbarismes de ces temps de vertiges et de terreurs; ce sont des taches dans des carrières glorieuses. Vous vous plaignez de ces réminiscences qui les affligent, et cette fois-ci je conviens que vous avez raison; mais comment parer à ce sujet de vos plaintes ? Il faudroit interdire la lecture, la conversation, et ce seroit bien plus vexant que limiter la liberté de la presse ; vous le savez, il y a des malheurs inséparables de la célébrité. Ce n'est pas en multipliant vous-même les signalemens du passé, que vous parviendrez à le faire oublier. Votre brochure, en excitant la curiosité, va rappeler à bien des gens ce qu'ils avoient oublié, et faire connoître à beaucoup d'autres ce qu'ils ignoroient; vous n'avez pas eu, sans doute, une intention aussi désobligeante, encore moins celle d'inquiéter : en tout cas, il suffit à la sécurité de tous, de l'oubli prononcé par Sa Majesté; et les généraux que vous avez en vue particulièrement, connoissent trop bien le Monarque pour n'être pas persuadés qu'il sait distinguer les fautes de l'âme de celles du temps, et apprécier l'effet des réflexions de l'âge et de l'expérience.

Le Roi n'a pu vouloir, Monsieur, que nulle différence n'existât entre les propriétés dites *nationales* et celles patrimoniales : c'eût été vouloir maîtriser l'opinion ; et il sait très-bien qu'elle-même commande en souveraine au monde, et que son empire est supérieur à tout, comme celui de la pensée. Il a déclaré les ventes des premières irrévocables ; c'est avoir beaucoup fait pour la tranquillité publique. Vous voudriez voir s'établir une parité qu'a toujours repoussée l'opinion générale, même dans les temps les plus favorables aux idées républicaines. Votre conscience ne vous permet pas d'accuser directement les ministres, mais vous attribuez une différence qui tient évidemment à la nature des choses, aux doutes qu'ils élèvent, aux alarmes qu'ils répandent. Il valoit autant vous prononcer de suite. Mais ne craignez-vous pas qu'on puisse vous accuser, avec beaucoup plus de vraisemblance, des intentions que vous leur prêtez ? Avez-vous pu penser que votre dénonciation alloit opérer un prodige ? Je ne le crois pas. Laissez donc faire au temps et à l'opinion ce que, seuls, ils peuvent faire, et veuillez vous souvenir que, sous Bonaparte, et avant lui, on lisoit, en gros caractères, en tête des affiches de vente : *Bien Patrimonial, Bien National*, et qu'on distinguoit encore ces derniers en première, deuxième origine, etc.

Qu'entendez-vous en disant, au sujet de la liberté individuelle : *Il en est de cet article comme du précédent ?* Est-ce encore une insinuation contre les ministres ? Vous paroissez leur en vouloir beaucoup, car c'est sans doute contre eux que vous invoquez une punition exemplaire. Ceci devient bien sérieux et exigeroit à l'appui autre chose que des doutes. Je vois bien que vous n'êtes pas sûr qu'aucun individu ait été arrêté arbitrairement, et que, selon vous, personne ne peut l'être ; mais en voulant des punitions exemplaires, il faudroit articuler qu'un tel ministre a fait arrêter arbitrairement un tel individu. Je vois bien encore que vous assurez qu'un seul paragraphe déplaisant peut compromettre l'existence et la tranquillité d'un auteur, et j'en ai sous les yeux plus d'un qui ne sont rien moins que plaisans, qui vous ont laissé cependant bien vivant, bien tranquille, et probablement bien content de vous : d'où je conclus ou que votre dénonciation n'a pas *géné* les ministres, ou qu'ils savent souffrir très-patiemment l'abus assez fort du droit d'écrire.

Vous avez peur, Monsieur, que les ministres ne vous échappent ; vous voudriez qu'ils fussent responsables, non pas dans le sens ordinaire, mais dans le vôtre. Vous trouvez que fixer les cas de leur responsabilité, c'est une *restriction jésuitique ;* il y a, selon vous, trop de vague dans le mot trahison. Faudroit-il, pour vous plaire, nous ramener au temps où aucune victime ne pouvoit échapper à l'influence de ce terrible mot, qui s'appliquoit à tout, et qui fit couler tant de flots de sang? Non, sans doute. Pourquoi donc ne pas vous contenter de ce que la charte constitutionnelle a fixé à cet égard? Pourquoi vouloir des additions à votre manière, quand vous refusez des explications *à la manière des ministres?* Pourquoi, enfin, chercher à mettre aux prises les pouvoirs, en aiguillonnant les amours-propres, et courir au désordre, en simulant l'amour de l'ordre ?

Vous ne vous plaignez plus, je pense, de la gêne de la presse : certes, Monsieur, vous en avez usé largement et fort à votre aise. Cette direction de la librairi , ces censeurs surtout que vous traitez avec si peu de ménagemens, vous ont suffisamment prouvé, sans doute , qu'ils n'étoient ni si *esclaves du despotisme ministériel*, ni assez *insolens* et assez *ignares*, pour arrêter la publication d'un ouvrage aussi *utile* et aussi *généreux* que votre dénonciation; ils se sont très-bien montrés, en vous lisant à la hauteur des objets, et ils ne pouvoient se venger plus noblement de vos injures qu'en vous causant le léger chagrin de perdre le fruit d'une belle comparaison.

Tout en disant, au sujet de la presse, qu'on pourroit se dispenser de pousser plus loin les réflexions, ce qui est vrai, vous continuez toujours et même plus vivement que jamais. Vous trouvez tant de choses à dire sur ce chapitre, vous l'affectionnez tant, que , malgré vous, vous y revenez sans cesse ; on croiroit que c'est votre manière de reprendre élan pour tomber de nouveau sur les ministres. J'aime , comme vous, la liberté de la presse ; mais je suis loin d'attribuer à des ouvrages d'agrément , de morale et même de politique , tous les avantages que vous y découvrez. Je crois, et c'est fort heureusement pour la très-majeure partie des nations , qu'on peut mener une vie douce et agréable , sans s'occuper de faire imprimer, ni même de lire ce qu'on imprime. Je crois que la liberté publique n'est point *écrasée*, que les peuples ne sont ni *à la chaîne*, ni *sous le fouet*, à défaut de la liberté illimitée de la presse , parce que le plus grand nombre des individus qui les constituent ne sait ni lire ni écrire , et qu'un assez grand nombre encore de ceux qui le savent, ne lit et n'écrit guère. Je crois encore que les propriétés, l'honneur et la vie des citoyens , sont beaucoup mieux garantis par les lois qui existent que par tous les pamphlets présens et à venir.

Quelque resserrée que soit la république des lettres, je ne prétends pas , pour cela, qu'il faille arrêter l'essor de ceux qui les cultivent ; je conviens avec vous que les arts, et tous les travaux de l'esprit, honorent les nations, qu'ils sont le charme de leur partie la plus distinguée. J'aime à reconnoître que nous avons quelques prétentions fondées à les avoir portées à un très-haut degré, ainsi que tous les autres genres de gloire, et que l'orgueil national est intéressé à soutenir une belle renommée, mais je suis encore à découvrir où est l'obstacle à une si noble tâche ? Où est l'ouvrage arrêté qui eût ajouté à son éclat, ou l'eût maintenu? Vous ne citez que la suppression de quelques écrits de parti, dont le votre n'est pas, Monsieur; il falloit donc qu'ils fussent bien condamnables.

On voit trop clairement que c'est pour ces sortes d'écrits, et en général pour tous ceux qui entrent dans le ressort de la politique, que vous aimeriez, surtout, une grande latitude. Il me semble à cet égard, que depuis la circulation de votre écrit, vous devez être plus content, et qu'il n'y a que bien peu de mesure à garder pour faire imprimer tout ce qu'on veut. Il faut que vous ayiez été bien profondément blessé, pour vous servir de certain terme que je ne puis me résoudre à répéter. Si des *protégés* vous ont fait injure, pourquoi hésiteriez-vous à les traduire devant les tribunaux? Que les juges soient déclarés ou non inamovibles, les lois seront toujours les mêmes. Vous méfie-riez-vous aussi des magistrats? Espérez-vous que la commission royale les rendra plus ou moins justes, plus ou moins intègres, plus ou moins favorables à vos vues? Personne ne pourroit donc trouver grâce à vos yeux.

Vous dites, page 23 : *On n'a encore attaqué les ministres que sous le rapport de leur logique, et des innovations qu'ils veulent intro-*

duire dans la langue. Ce n'est donc pas de vos attaques dont il est question, ou bien vous aviez déjà oublié, alors, cette multitude de griefs articulés presqu'à chaque paragraphe antérieur, et même cet endroit de la page 22, où vous dites : *J'aime bien qu'on me dise hypo-critement que je puis faire un livre de trois cent vingt pages, quand je n'ai à dire que ces mots : Les ministres ont violé la constitution.* Ceci est tout autre chose, ce me semble, qu'une attaque sur *la logique* ou sur des *innovations dans la langue.* Je ne veux pas dire pour cela qu'ils doivent être plus contrariés, ils savent trop bien que les meilleures intentions trouvent toujours des détracteurs, et qu'on peut beau-coup mieux faire, en pareille circonstance, que d'imiter les gens qui ont de l'humeur. Des tra-casseries sont effectivement d'un petit danger, en comparaison du *gouffre épouvantable* dont vous nous effrayez. Mais comme vous convenez ne pouvoir articuler directement que ce *gouffre* ait encore englouti personne, nous persisterons à croire que vous l'aurez creusé très-inutile-ment, et que les ministres n'auront aucun be-soin des *honnêtes auxiliaires* que vous leur offrez.

Vous avouez enfin, cependant, que quel-

ques pages infiniment répréhensibles, ont été
livrées à la curiosité des oisifs; il est vrai, que,
de crainte qu'on ne s'y trompe, vous avez soin
de nous faire entendre que c'est encore un tour
d'adresse des ministres. Il fut un temps, Monsieur, où vous auriez pu nous y faire croire;
mais aujourd'hui, beaucoup de personnes ose-
roient vous assurer, que ceux qui sont honorés
du choix de Louis XVIII sont au-dessus du
soupçon de ces ténébreuses manœuvres, et
pourroient vous ajouter, qu'annoncer de pa-
reilles idées, c'est presque s'en rendre suspect
soi-même. (Cette attaque seroit-elle encore
sur la *logique*, et sur des *innovations* dans la
langue?) Si des insultes aux justes objets de
nos respects, ne prouvent rien contre la liberté
de la presse, en général, ce que j'admets, vous
conviendrez qu'elles prouvent, au moins, qu'il
est des cas, où il vaut mieux arrêter les écrits,
que d'avoir à en punir les auteurs, et qu'il étoit
d'un bon esprit de les prévoir.

En vous plaisant à rendre justice au Roi,
vous voulez toujours qu'il soit trompé, déso-
béi par ses ministres. Pour appuyer votre
dire, vous établissez une comparaison entre
ses actes les plus solennels et ceux qui le sont
moins, et vous inférez que ces derniers lui sont

surpris. Ce n'est point une simple conjecture que vous aventurez, c'est un fait que vous décidez. Je vous le répéterai, Monsieur: soyez d'accord avec vous-même, ou ne reconnoissez point de lumières au Roi, ou veuillez croire qu'il s'en sert.

L'exemple que vous citez de la capitulation avec la Suisse, permettez-moi de vous le dire, est peut-être, non-seulement le plus mal-adroit contre les ministres, mais le plus concluant contre vous, que vous puissiez choisir. Qui croira jamais que les agens du pouvoir soient assez audacieux pour traiter d'une affaire de cette importance sans l'autorisation du Souverain? Vous ne le croyez pas vous-même. En vous voyant étayé de preuves aussi mauvaises, ne seroit-on pas autorisé à penser que les ministres ne sont réellement que les objets indirects de vos attaques? Mais une telle idée seroit trop contraire à votre profond respect pour le Monarque; j'aime mieux attribuer cet écart à une mauvaise logique. Ce n'est point une nouveauté que d'admettre des Suisses au service de la France; on en comptoit parmi les troupes de Bonaparte, et, certes, ce n'étoit pas faute d'autres. Il y a long-temps que les Rois de France sont dans l'usage d'en solder, et la continuation de cet usage ne devroit pas étonner un chef des affaires étrangères, nécessairement versé dans la politique. Nous sommes en paix, mais il est toujours sage de prévoir la guerre; et, dans ce cas, il n'est pas indifférent que tous les enfans d'une nation belliqueuse et notre voisine soient dans les rangs ennemis. Les Suisses de la garde sont plutôt un objet de parade que de défense, comme toutes les gardes étrangères des autres souverains. Le dépôt sacré de la personne du Roi ne sera pas plus à *leur merci* qu'il ne l'étoit autrefois. Ils sont braves, loyaux, fidèles; mais Louis-le-Désiré sait bien qu'à cet égard, les Français seront toujours au premier rang. Ce n'est pas violer la constitution que de s'assurer au besoin, de bons auxiliaires, comme ce n'est pas exercer les droit de citoyen dans un pays que de s'enrôler sous ses drapeaux.

Vous ne voudriez pas que vingt mille braves officiers descendissent d'un grade si glorieusement acquis. Des soldats suisses ne leur font donc aucune injure. Si l'état de paix et le besoin d'économie ont nécessité bien des retraites ou des réformes, c'étoit la suite inévitable de ces masses innombrables que l'ambition conduisit de conquête en conquête. N'importe ce qui fût arrivé, elles auroient enfin eu lieu, à moins qu'après avoir subjugué l'Europe, nos armes n'eussent été briller sur quelqu'autre partie du continent. Vous ne disconviendrez pas, au moins, qu'au milieu des réformes nécessaires, le Roi n'ait eu tous les égards dus à la valeur de nos guerriers.

La fidélité d'un soldat, de quelque pays qu'il soit, ne sauroit jamais être trop scrupuleuse ; c'est l'exécution ponctuelle des ordres qui fait la force des armées : si chaque soldat interprétoit à sa manière la consigne, où en seroient-elles ? Les événemens ne prouvent jamais rien contre les principes. On peut être victime en faisant son devoir ; c'est un malheur honorable.

Y songez-vous, Monsieur, en nous présentant l'idée de quelques milliers d'individus apportant des projets de vengeance au milieu des soldats français !..... Les mêmes hommes qui n'ont pas voulu vous rendre *muet* ne voudront d'autres *janissaires* auprès du Roi, que le cœur de ses sujets.

Ne renoncerez-vous jamais à cette manie, feinte, ou non, de voir tout en noir, et de nous offrir vos pensées pour celles des autres ? Vous auriez pu vous dispenser, je crois, d'apprendre

à Sa Majesté ce qui constitue *la vraie force,*
la prudence, et la sûreté d'un gouvernement.
Il y a bien des raisons qui persuadent que cela
étoit très-peu nécessaire.

Vous ne vous êtes pas aperçu qu'en voulant
cajoler une partie des troupes, vous mortifiez
le plus grand nombre. A nos yeux, comme à
ceux du Roi, tous les soldats français sont éga-
lement braves et fidèles ; toutes les armes ont
fait des prodiges. Une troupe considérable
d'hommes d'élite, ne formant, pour ainsi dire,
qu'un seul corps, accoutumés à manœuvrer
ensemble et à agir en masse, a eu nécessairement quelques résultats plus brillans : qui ne se
plaît à l'avouer ? Le Monarque ne lui a-t-il pas
témoigné sa haute estime ? n'est-elle pas toujours la tête de l'armée ? montre-t-il moins de
confiance à ces braves en les mettant aux avant-
postes, en livrant à leur garde ses citadelles,
et dans leurs mains les clefs de son royaume ?
Vous, qui trouvez mauvais certains reproches
faits à des généraux, expliquez-nous où tendent
les vôtres. Vous conservez bien de la mémoire
de la puissance abattue !

Je ne sais pas où sont les nouveaux périls
dont vos conseils nous auroient sauvés ; je
désire que personne ne trouve que vous avez

excédé les limites de la critique *de votre ressort ;* je me bornerai à croire que vos sinistres prédictions ne s'accompliront point ; et sans vous calomnier, je dirai qu'il est très-possible que vous vous soyez trompé dans vos calculs, et qu'il ne faut qu'une mauvaise vue pour mal voir.

Voilà, Monsieur, des idées un peu moins sombres que le tableau que vous présentez à Sa Majesté : il faut vous savoir gré de l'avoir *adouci ;* car autrement, les peuples eussent infailliblement perdu toutes les espérances qu'ils ont conçues de son règne.

———

Quel chagrin, Monsieur ! vous veniez de terminer cet écrit, sur lequel vous comptiez beaucoup, et voilà que vous apprenez que l'objet de vos plus cruelles inquiétudes, *la loi de M. l'abbé de Montesquiou* sur la liberté de la presse, a eu l'assentiment de la majorité. Je conçois toute l'amertume de votre peine, et cela méritoit bien qu'un *post-scriptum* nous en fît part ! Pourquoi avoir l'air de ne trouver de beaux caractères que parmi ceux que vous croyez de votre avis? est-ce qu'ils en ont le privilége exclusif? On ne doutera jamais de votre chaleur à défendre vos opinions; mais vous n'auriez pas mieux dit, probablement, que des hommes de beaucoup de talent, et vous avez eu de moins le chagrin de vous résigner en face.... C'est beaucoup, quand on souffre impatiemment.

Vous en êtes réduit à faire de misérables plaisanteries, à faire *suer sang et eau* à M. l'abbé de Montesquiou: pour des niaiseries il n'y a là que de quoi rire; mais vous voudriez faire croire au tarif des consciences françaises, ceci est plus sérieux. Malgré toute la puissance du porte-feuille, je dirai comme vous : *Mais en quinze jours !....*

C'étoit bien la peine de citer M. le comte de Montgaillard, pour le chicaner sur un avis très-raisonnable. On voit que vous avez bien de la peine à souffrir qu'on se soumette à une loi qui ne vous convient pas, et que vous opéreriez de grandes choses, si vous aviez la force... Mais, à travers tout cela, on aperçoit que vous seriez peut-être moins récalcitrant s'il ne falloit obéir à *la loi Montesquiou.*